Sandra Sepúlveda López

MARIPOSAS EN EL JARDÍN

(Relatos de Ego y Alma)

la Rueca
editorial

© Sandra Sepúlveda López - *Mariposas en el jardín*

© Editorial La Rueca

www.editoriallarueca.com

Primera edición: diciembre 2024

ISBN: 978-84-19865-51-9

Depósito Legal: M-26680-2024

Impreso en Madrid - España - UNIÓN EUROPEA

Estas palabras van dirigidas a apoyar el camino de tu alma*, a abrazar con cariño tu ego, a acunar en la fantasía a tu mente. Toma estas palabras con la literalidad que necesites. Cuestiónalas, niégalas si quieres. Todo puede ser relativo, incluso la expresión de ello en sí mismo.

---

*Respetando todo sentir y creencia cuando leas el término del alma, para que pueda ser dotado libremente con un sentido semántico y/o más trascendente.

AGRADECIMIENTOS

Aunque este párrafo ofrezca un tinte de reseña autobiográfica, y en dicho apartado haya optado por no ser muy explícita en el trazo de la palabra… Cómo no admitir que, la dualidad es visita obligada a la persona de manera continuada. Sin más dilación, aquí realizo una mención especial y gesto, de gratitud y reconocimiento:

He llegado tan lejos en mis procesos más profundos, y en los menos; Gracias a mí, sin duda. Gracias a Dios, lo doy por hecho. Pero quiero destacar en este momento, etapa y espacio en concreto que; ha sido y es GRACIAS a mi marido, Juan Pedro. Porque ha puesto todo su trabajo, interés y esfuerzo a nivel profesional y personal, para apoyar mi sanación, crecimiento y evolución. Porque ha querido aceptar el compromiso de trabajar en sí mismo también, de abrir su mirada a un mundo en común conmigo y apostar por él. Mi admiración por ser una persona y ser humano tan bello y generoso. Y saber querer (me) tanto y tan bien. Estoy super agradecida. Y orgullosa de él. De tí, Juanpe.

Te amo, te quiero. Namasté 🐾

ÍNDICE

INTRODUCCIÓN

Esta obra representa un guiño de respeto, admiración y afecto a publicaciones anteriores de algunos de mis libros, como *Cuenta conmigo o Te sigo contando, Daniel.* Así también a *La Luz de mis sombras, Melodías de Silencio o La caja de Pandora.* He querido transcribir aquí, en **Mariposas en el Jardín,** varios relatos y algún poema de estos libros que le preceden; porque me resulta importante dar lugar a lo que fue y relataste de una forma, de tal manera que en el continuo presente intuyes que expondrías de otra. Es para mí un ejercicio importante de aceptación, mencionar con todas sus letras los títulos de estos manuscritos de nacimiento anterior a *Mariposas…* Y dejarlos aquí reseñados, para quienes quieran visitarlos desde su continuo PRESENTE, en algún *ahora.*

Todos estos escritos referidos y los inéditos que se crean y se sostienen expresamente en esta obra, **Mariposas en el Jardín,** son breves historias, algunas incluso una especie de fusión o mezcla entre el relato breve y el poema. Tildados varios con una especie de orientación o guía. Por supuesto solo lo son si a quien los lee como tal así los bautiza. Y la temática; aspectos corrientes y hondos de la vida en el día a día. Cariz primigenio como es el alimento y la relación con la comida; las heridas *propias* del ser humano, con sus emociones mismas que va gestionando; la belleza, el dolor, la adicción, la presencia del ego... la muerte, y el misterio que en sí misma envuelve. Una narrativa que invita y da pista del natural contacto con nuestras preguntas más íntimas, reflexiones y sombras, que en muchas ocasiones nos muestran lo común que hay en el camino de todas las personas.

Aquí queda en la materia de unas páginas y hojas, lo que de manera menos tangible se crea y nace en el destello sutil de **nuestra Naturaleza propia.**

Para ti, estas Mariposas...

PROPUESTA AL LECTOR

Este libro no es un YO, mirado desde un único prisma. Ninguno realmente lo es (a mi modo de ver). Pero de manera específica, en **Mariposas en el Jardín** se abre un *lugar único* con posibilidad de darle una forma genuina.

Tras cada uno de los relatos descritos, se ofrece una hoja en blanco para ti. La propuesta es darle continuidad al texto leído, representar, por ejemplo, aquello que te ha hecho sentir; escribir una reseña u opinión, hacer un dibujo, o elaborar otro relato tal vez. O, sencillamente, unos cuantos garabatos. Quizá también te apetezca mantenerlo así, en blanco y libre de todo trazo. Mi intención es invitarte a crear a partir de lo que surja al encuentro con Mariposas…, ofrecerte un espacio personal en el que ese tú del momento pueda expresarse y ser tal cual *ES*.

FUERA ES DENTRO

¡Guau! He mirado fuera y he visto que *ahí no hay nadie.* Que todo lo que sucede, todo cuanto percibes está dentro. Todo lo que ahí ves es una ilusión, un portal que te sirve de guía, a veces de dura maestra que te muestra sin reserva lo que de otra manera no verías. Pero repito, lo que ahí ves sólo es tu guía. Sírvete la cantidad que quieras, dale su valor y no pierdas tiempo ni energía en intentar que los demás la perciban. Es tu propia fantasía, creada y mantenida por y para ti. No pretendas darle mayor cabida. Encaja a la perfección contigo, con tu mundo, no es para nadie más. Cada cual tiene el suyo. Su propio portal. Deja que ellos también se den cuenta de que no tienen mucho que hacer en OTRO LUGAR.

(La luz de mis sombras)

EL CUARTO OSCURO DE MI APARTAMENTO

Entro en mi apartamento, dejo atrás el pasillo que atraviesa el salón, el baño, el cuarto de invitados... Sigo recto hasta el fondo y bajo. Cada escalón desprende frío, calor, alguno cruje, otros resbalan, el último se parte, pero no llego a caer. Hay una sensación de ingravidez muy ligera, sólida a la vez. Apenas un poco de luz. Está oscuro, muy oscuro. ¿Qué hago aquí dentro? —me pregunto. Me ahogo. De repente suelto, acepto, lloro. Y el aire llega lento, poco a poco. Me alivio, miro y veo... ¿Tiene sentido venir? Sí. Mi SOMBRA está aquí.

(La luz de mis sombras)

. . . .

. . . .

CAPAS SIN COPA

Hay capas del inconsciente, con deseos enterrados, que al pasar a ese espacio donde la mirada atiende y comprende, se despliegan sencillamente para ser vistos y mirados. No amenazan, ni burlan la calma. Ni intimidan o empujan a que su energía salga. Solo precisan, como cualquier proyección conformada en deseo; de tu conciencia, de tu mirada.

SIENTE

Detente cuando estés cansado, respira, siente. Mira a tu alrededor, intenta estar presente. Contempla, déjate llevar, no te preocupes, sólo siente. Cierra los ojos, aprecia quién eres. No te asustes si algo te inquieta, sólo siente. Llora si lo necesitas, no contengas, libera lo que está pidiendo respirar fuertemente, déjalo ir. Y una vez más, siente. Ríe cuando tengas ganas, date permiso para ser feliz, aunque estés triste. No huyas de ti, abrázate, date cariño, escúchate. Y aunque algo no te guste, intenta comprenderte. Mírate con amor, aunque te sientas despreciable, aunque no soportes ver quién eres. Acéptate o, al menos, inténtalo. No corras si no te gusta lo que sientes. Aquieta tu mente, escucha tu corazón, da calor a tu cuerpo. Eres único, irrepetible, un «milagro» en continua evolución. Detente cuando estés cansado, respira, siente. Mira a tu alrededor, intenta estar presente. Regálate el perdón, sólo tú puedes ofrecerte semejante «don». Detente cuando estés cansado, respira, siente… Mira a tu alrededor, intenta estar presente.

(Te sigo contando, Daniel)

PEDACITO DE INMENSIDAD

Someterse a los azotes del sufrimiento, sumergirse en las olas de la incomprensión, y ser capaz de apreciar con cierta y notable claridad; que es solo una pequeña parte del trayecto, no más. Y que, sumado a muchos y muy continuos tramos, parece larguísimo, pero es un pedacito en una gran inmensidad.

OASIS DE AMOR

Es soñar, es no parar de desear… de subir y de bajar. Adicción es ilusión, es ficción quizá. Adicción es secuestrar al cuerpo por coacción del ego. Es andar sin poner los pies en lo real. Adicción, empeñar el alma a la sustancia que distrae y calma. Adicción señala en falso a una moda, a lo social, a una cuestión educacional. Adicción, así es; se disimula para encubrir bien, que su nacer parte del dolor guardado en el corazón.

(La caja de Pandora)

EN LA HERIDA DEL RECHAZO

El adulto como tal lo puede asimilar, gestionar, incluso optimizar.

En edad infante, el rechazo puede sentirse como muerte, o peligro de tal.

Como verse a sí mismo inadecuado, desplazado, como un sobrante en el espejo humano.

El dolor y el sufrimiento llega a la capacidad de vibrar tan intenso y alto, que se deja para el adulto. El que está a su lado, o en el que algún día madurará pudiendo trabajar en ello y apreciar que aquel dolor puede sostenerlo, comprender más amplio y resignificarlo. Y así, el sufrimiento esfumarse de su lado.

EN MEDIO DEL VAGÓN

Olor a vino, vagón medio vacío, tímidas miradas, zapatos, sandalias. Espontánea petición que a voz en grito acorrala, ¿sinceras palabras? Gestos escasos que vuelcan sus monedas en el frasco. Música que sale de un cajón, voz que araña la acompaña. Frecuencia ésta de un anhelo no olvidado, de un deseo ya frustrado, inmensas ganas de llevar lejos la voz. Pero aquí queda, encerrada en un vagón.

(Melodías de silencio)

A TI, AMIGO

Cuanto más percibo tu imperfección como ser humano, tu debilidad, tu día gris, más a gusto me siento contigo, más feliz. Quizá estas palabras hablan de ti, pero en el fondo también de mí. ¿Qué somos sino espejos los unos de otros? ¿De qué manera podríamos mirar nuestros ojos? Cuánto me gusta encontrar lo que encuentro cuando te veo... Con pocas o muchas palabras, cuanto más te conozco, más te quiero.

(La luz de mis sombras)

DESCONTAMÍNATE YA

Descontamínate ya, de dietas que orientan una salud sensacional. De consejos que despiertan más tu deseo en perfeccionar. De creencias de madres, tías y abuelas sobre el latiguillo de *Come más, si no, no crecerás.*

De miedos infundados sobre lo que comes, como un monstruo animado. De ti misma, de tu historia, de tu percepción hasta ahora.

De los mercados queriendo vender como natural todo aquello metido en envase de plástico. Y advierten luego que uses frascos.

De las recomendaciones de quienes se han sentado a la mesa, igual que cualquiera. Y han creído que su experiencia es *la buena.*

Descontamínate ya de dar lugar a la comida como plato único y principal en la vida. De querer definir cuál es tu forma de comer. ¡Si no deja de moverse! ¿Qué hay absoluto al 100%?

Respira el aire *contaminado* en amor cuando, buscando para ti lo mejor...tomas la *equivocación* como parte de tu don.

LA TRANSFORMACIÓN

Si algo de lo que dices o callas no «corresponde» con lo que hubieras dicho o callado en el día de ayer, no te preocupes. No te limites, permítete ser. Tal cual sientes que eres hoy, así eres. Ayer ya no está, la persona que fuiste tampoco. Han pasado tan sólo unas horas quizá, pero ya eres otro. No te aferres a una imagen. Lo que fuiste es tan sólo un recuerdo, una ilusión, un apego de tu mente (que necesita reconocerte). Para mal o para bien, lo que fuiste ya no es. Disfruta de esta asombrosa maravilla, algo que casi no tiene explicación. Reinventarse a cada segundo, a cada instante… ¿Acaso puede haber un plan mejor? Pero, eso sí, para ello hemos de permitirlo, tenemos que separarnos de nuestro sobrevalorado yo, ese que nos aferra, que nos aprieta, que con fuerza nos coge la mano para asegurarse de que no nos soltamos de nuestra propia cadena, «la imagen que de nosotros hemos fijado». Permitámonos abrir esa puerta y salir tras ella.

A cada instante, sé en cada momento el ser que eres. Disfruta, permítetelo. Permite cualquier cambio, aunque no te siga la razón. Vívelo. Sólo desde ahí, desde el momento presente, podrás moverte en cualquier dirección. ¿Qué ocurre? ¿Te da miedo no reconocerte? Eso pasa siempre, es parte de todo ser viviente. Ten en cuenta que ahí reside tu grandeza, aunque te cueste: en la transformación.

(Te sigo contando, Daniel)

BELLEZA

Estar al lado tuyo, como si no hubiese transcurrido el ayer.

Tomar tu mano, y percibir que es la tuya la que me sostiene y da vida otra vez.

Ese toque maestro y único de tu palma en mis nudillos con la yema de tus dedos…

Tu piel protegiendo, y el movimiento suave, divertido, perfecto… que a mi mano le dice te amo, y a través de ella a mi cuerpo, a mi alma, y a mi ser al completo.

Existen momentos que, con su ego, uno quisiera eternos. Será que él también es sensible a la magia del Misterio.

Y, ¿qué es LA REALIDAD?

Un *matrix* quizá, un cubo de diferentes prismas, una imagen de infinitas dimensiones. Nada y todo a la vez. Puede ser. Imposible concebir con la mente humana, pensante, rumiante, mendigando explicaciones sin cansarse. Imposible de entender. Propuesta queda aquí sobre la mesa; vive y aprovecha este entramado de bailonas piezas. ¡Baila con ellas! No te dejes seducir por las apariencias. Da un paso y cruzalas. Que no te limite el juicio, acompaña al momento, solo eso. No más, tampoco menos. Hasta esto que lees puede ser o no virtual. Tal vez.

ABRÁZAME

Abrázame sin apretarme, tu cuerpo me asfixia, es demasiado grande. Abrázame dejando un espacio en el que pueda moverme, sin agobiarme. Abrázame con tus manos, con tus palabras; ¿has probado abrazarme con tu mirada? Abrázame para crear un lugar donde encontrarnos. Donde podamos estar. No me quieras quitar, ni tampoco dar. No sabes qué necesito en este momento. Abrázame sólo y únicamente por el hecho de celebrar… ¿el qué? Habernos podido abrazar.

(Melodías de silencio)

NUESTRO TERRENO FÉRTIL

Existe ese espacio en mí; lúgubre, ténebre, donde habita ingrávida la desolación, la amargura, el terror… No está definido en forma, ni en tiempo, ni deriva de un hecho concreto. Tan siquiera sé que es mío y de todos a su vez.

Ese espacio, quizá se disuelva con los años y el sanar de cada tramo. Pero posiblemente sea un terreno fértil, oscuro, húmedo, necesario y presente en cada ser humano. Siempre. Posiblemente, integrarlo como otro tanto, aceptarlo y honrarlo sea un pase directo a que no nos robe o embista la calma que, poco a poco, conquistamos.

FLUIR

No tengo un plan concreto y cerrado en mente. Me abro a lo que la experiencia me ofrece. Tengo marcada una orientación, una idea. Infinitos parámetros la sustentan. De fondo siento una base que sostiene todo. Pero la forma pende de hilos finos, muy finos. Para que la fe y confianza conquisten de mí cada resquicio. Soy un TODO, TODO es en mí. Cuando creo que estoy solo, pongo la mirada en EXISTIR.

ORIGEN

En un ciclo en que *la Terapia* nos sugiere con sutileza y ahínco que sanemos cada uno de los pasos recorridos... Importante dar un vistazo global, antes de renegar sobre la vida y obra de quienes nos preceden en la Historia (padres, abuelos, ancestros). Que, si afinidades tienen nuestros cuerpos en genética, relación guarda con la suya nuestra alma —es por eso por lo que vinimos a sus casas. Calma a nuestro sentir cuando se encrespe con el origen...y tomemos la responsabilidad del vivir que nos erige. Que nada está (ni es) tan distinto de lo/s otro/s, aunque a veces queramos partir todo en varios trozos.

YO soy tu ego

Te cuesta soltarme, aceptar que no puedes manejarme. Como ves, me resisto, me agarro a ti, te lloro, te suplico. Con cara de fiera, con gesto de niño… Hago lo que puedo por seguir fuerte, por estar vivo. Déjame ser, te suplico. Enfádate conmigo. Cuanto más me empujas, más mantengo el equilibrio. ¡Uy! Quizá no debiera confiarte esto. Aunque creo que ya lo vas viendo tú mismo. Escribirte… pensarás que tiene truco, quizá. YO solo quiero decirte que, donde vayas, voy a seguirte. Me pondré a tu espalda (será mi escondite). A veces estaré en silencio, pareceré un fantasma. Otras gritaré. Y si me apetece, incluso, me disfrazaré, eso me encanta. Pero que "no me iré de tu lado", eso puedo asegurarlo. Mi trabajo es simular tu sombra. Supongo que suena malicioso, pero creo que es un acto generoso. Confesarte este secreto ¡no lo hace cualquier ego! Me has caído bien, fíjate. Y te diré incluso también que, cuanto más te resistas a verme, me evites o me niegues; más grande y fuerte me tienes. Decide tú que harás conmigo. Por lo pronto YO sigo estando contigo.

LA LIBERTAD

Desde que somos niños todo nuestro alrededor es un devenir de continuo aprendizaje, de palabras, deberes, enseñanzas. Supuestamente todo ello tiene un buen fin: formar nuestra persona, ayudarnos a crecer y a vivir. Pero ¿quién nos enseña a amar? Creo que esta es la pura y auténtica enseñanza que debe girar en torno a nuestras vidas. Es el más valioso tesoro que puede ofrecerse a una persona. La fuerza capaz de conquistar el mundo. Y la «llave mágica» que te conduce a la LIBERTAD.

(Cuenta conmigo)

ENTRE SERVILLETA Y MANTEL…

… lo he sido todo; escrupulosa, descarada, recatada, exagerada. He tomado por placer, por gula, por necesidad y por desidia también. He sido equilibrada, adicta y estricta. He tocado bocado con estremecedora dulzura y jugueteo, con ansiedad, con desconfianza y miedo. El efecto en mi mente, tan intenso como en el alma y en mi cuerpo PRESENTE. Suculento manantial de anestésico sosiego y besos (sin labios), ni cerrados ni abiertos…. placer inmenso, placer de un paraíso que tiene su fin cuando asimilas todo ello. Y una infinita soledad, tristeza y frustración, una aplastante insatisfacción al darte cuenta de que lo comido no tiene *sabor* más allá de sí mismo. El contento y el alivio llega cuando sabes que la vida no empieza ni acaba en la nevera. Y, al levantarte de la mesa, compruebas que el postre más dulce que puedes tomar no va en taza, ni en tableta…. es sentir la PERTENENCIA, reconocerte un acorde más en el planeta. Y que, a la conexión con cualquiera puedas percibirte vivo, *por dentro y por fuera.*

SEMILLA

Qué bello es apreciar cómo la vida te transforma.

Cómo cada arañazo hace surco en tu piel para que el agua haga charco, y tu semilla vuelva a crecer.

Cuán difícil es a veces abrirse al dolor que produce un bofetón sin palma ni mano, una mirada distraída, una ausencia que no sabe que puede ser sostenida.

Osada sencillez en que se dispone la vida…

Que con el pensamiento es imposible darle cabida.

CENIZAS ERES

Cuando el momento llegue, te devolveré a la vida, a la misma fuerza que puso su intención en crearte, en darte forma precisa.

Cuando el momento llegue, te dejaré como el que se quita un pantalón y una camisa.

Quedarás sin movimiento, te convertirás en cenizas.

Cuando el momento llegue, podré volver a decir lo que te digo hoy, aunque me cueste;

Sé que nunca fui TÚ, solo me metí en tu piel para reconocer Me.

TE JURO, TE ENTIENDO

Sé que en tu interior hay un dolor inmenso, lo sé, lo siento. Sé que esa sustancia que inhalas te aísla, te permite seguir viviendo, aunque parezca que al tomarla estés muriendo. No tienes por qué mentir, todos tomamos sustancias que nos alivian tormento. Siento tu dolor, mi amor, comprendo tu gesto, tu paso ligero e inquieto, tu mirada perdida, asustadiza y agresiva. Te juro, te entiendo. Ese deseo de vivir y destruirte a la vez, te juro, lo sé. Sé lo que sientes, sé lo que ves; un mundo entero que quieres recorrer y, a la vez, y de un soplido, irte de él. Esa substancia no es causa de tu mirada, de tu cuerpo enfermo, de tu desgana. Sólo es causa de tu desventura, amor mío: estar dispuesto a vivir sin haber nacido.

(Melodías de silencio)

DESDE MI FONDO DE MAR

Anoche habité un espacio en mí, donde el dolor fue tanto, que no supe que decir;

Sólo, que lo viví.

Sentí el fondo del mar tan profundo, que casi no había movimiento. Una experiencia inolvidable, creo. Un lugar, mágico en sí, y con información tan valiosa que, sin cogerla, sentí que se adhirió a mí.

Un buceo inolvidable, gracias me doy, gracias a quien me propuso ir allí.

🦋 . . . .

. . . .

A mi PEQUEÑO tío:

Lo siento mucho, de veras; hoy sí. Sé que, entre tanta substancia, junto a tanto riesgo... en el refugio de ese plato de comida caliente, puede que buscaras algo más que dinero.

Quizá una mirada comprensiva, o un límite claro y consistente. Y que, a penas yo, desde mi pequeño cuerpo y profunda mirada, entre avidez y temor, marcaba casi automáticamente.

No recuerdo haber cruzado contigo más de veinte palabras. Algunas veces porque enmudecía al verte y otras porque el rechazo que sentía solo me llevaba a evitar abrirte la puerta o pedirte que marcharas.

Hoy te veo como un ser humano, y me *muerde el dolor* al ver la contundencia con que te cerré la puerta de mi corazón. Entonces te veía como *el lobo feroz.*

Desde que nací, hasta la veintena, quise que, como truco de mago desde su chistera, desaparecieras. Y a tus cuarenta y tantos, la Naturaleza te llevó con ella. Hasta en ese momento, *tu ceremonia de despedida* era para mí un acto que requería alejamiento todavía. Y en mis años de juventud que corrían, también presentarse como un acto de rebeldía.

No perdonaba ni un solo gesto de violencia, ni grito para pedir lo que quisieras, o frase irónica con esa mirada burlona y ofensiva. No creí tu verbo en ningún momento.

Pero ahora, ya adulta y más madura de alma y pensamiento, en mi recuerdo yace vivo aún tu gesto, y ese, una vez DES CUBIERTO, puedo (aunque no justificarlo), comprenderlo.

Hoy sí, despliego de mi corazón las alas, para abrirme y mirar tu dolor. Y reverenciar con mi cabeza cabizbaja tu valía y tu valor.

Lo siento. Un perdón va implícito en estas palabras para los dos. Te doy gracias. Y cuenta desde hoy tu lugar *en mi historia*, TAMBIÉN con ternura y admiración.

ÁRBOL DE LA VIDA

El árbol de la vida es… un símil de nosotros. Nacemos de una semilla que germina. Y echamos raíces a fondo. El tronco nos sostiene. Unos lo mostramos fino, otros, un tanto más gordo. Pero el de todos, porta humilde u orgulloso grietas, arañazos y escollos. El pasar de los años, los años pasando por nosotros. Creciendo en ramas a pesar de todo: largas, cortas, medianas. Unas hablan, otras callan. Hojas verdes, amarillas, floreadas. Por una etapa hasta en el suelo arrastradas. A merced de la estación. Así es EL CICLO DE LA VIDA. Este árbol que dibuja tu origen y cabida. Cada uno tiene una historia, lleno de savia y de sabiduría. Cada uno ha cobijado y dado sombra. Y a traición o por descuido, le han arrancado algunas hojas. Árbol de la vida; reverencia a la familia. Toda ella es parte de nuestra semilla.

"El dolor es como un niño,
cuando lo escuchas se calma"

sandrasepulvedalopez@gmail.com